ORDONNANCE DU ROI, SUR L'EXERCICE DE LA *CAVALERIE.*

Du 22 Juin 1755.

A PARIS,
DE L'IMPRIMERIE ROYALE.

M. DCCLV.

TABLE DES TITRES

CONTENUS

DANS L'ORDONNANCE DU ROI,

SUR L'EXERCICE DE LA CAVALERIE.

Du 22 Juin 1755.

ORDONNANCE

ORDONNANCE
DU ROI,
Sur l'Exercice de la Cavalerie.

Du 22 Juin 1755.

DE PAR LE ROI.

SA MAJESTÉ s'étant ſait repréſenter les différentes Inſtructions qu'Elle a fait rendre ci-devant pour régler l'Exercice de ſa Cavalerie, & les obſervations auxquelles elles ont donné lieu ; Et voulant décider définitivement tout ce qui a rapport à cet objet, Elle a ordonné & ordonne ce qui ſuit.

DES OBLIGATIONS DES OFFICIERS,

Et de la manière dont ils doivent ſaluer.

LES Officiers ſeront tenus de s'inſtruire de ce qu'ils doivent commander aux Cavaliers.

Pour cet effet, les Commandans des corps tiendront la main à ce que non ſeulement les Officiers majors, mais auſſi ceux des compagnies & les Maréchaux-des-logis, ſe mettent au fait de tout ce qui a rapport au maniement des armes & aux manœuvres, de manière qu'ils le ſachent aſſez bien exécuter pour pouvoir l'apprendre à leur troupe.

Les nouveaux Officiers qui ſeront reçûs à leurs emplois, ne pourront faire de ſervice qu'après que leur capacité à cet égard aura été reconnue par l'épreuve qui en ſera faite en préſence du Commandant du régiment, dont ils ſeront tenus de rapporter un certificat au Commandant de la place où le régiment ſera en garniſon, lequel l'enverra au Secrétaire d'Etat ayant le département de la guerre.

Quand les régimens ſeront raſſemblés, ceux qui les commanderont feront commander devant eux à chaque compagnie, par leurs Officiers particuliers, les différens maniemens des armes & les manœuvres indiquées pour une compagnie, afin de s'aſſurer que ces Officiers ſoient en état de bien inſtruire leurs compagnies lorſqu'elles ſeront ſéparées.

Ils leur feront auſſi commander toutes les manœuvres indiquées pour un détachement.

Les Officiers mettront le ſabre à la main, le porteront

& le remettront en même temps & de la même manière que les Cavaliers.

Quand ils devront ſaluer de cette arme, ils le feront en cinq temps, ſoit de pied ferme ou en marchant.

Au premier, lorſque la perſonne qu'on doit ſaluer ſera à cinq pas de diſtance, on tournera le tranchant du ſabre à gauche, prenant la poignée à pleine main & étendant le pouce juſqu'à la garde, & on élèvera le ſabre tout de ſuite perpendiculaire, la pointe en haut, la garde à hauteur & à un pied de diſtance de la cravatte, le coude un demi-pied plus bas que le poignet.

Au deuxième, à trois pas de diſtance, on étendra le bras pour placer la main au deſſous du milieu de la poche de l'habit étant boutonné, & on baiſſera la pointe du ſabre à la hauteur du poignet, obſervant que la lame ſoit parallèle au corps du cheval.

Au troiſième, à un pas de diſtance, élevant un peu le poignet & le tournant en dehors, on baiſſera la pointe du ſabre fort doucement, & autant qu'il ſera poſſible, ſans forcer le poignet, tenant toûjours la lame parallèle au corps du cheval, & l'on reſtera dans la même poſition juſqu'à ce que la perſonne que l'on ſalue ſoit éloignée de deux pas.

Au quatrième, baiſſant le pouce pour contenir la poignée, on relevera le ſabre la pointe en haut, le tenant perpendiculaire, la garde vis-à-vis & à ſix pouces de diſtance du teton droit, le coude à hauteur du poignet.

Au cinquième, on portera le ſabre à l'épaule, comme il eſt preſcrit pour les Cavaliers.

Quand les Officiers devront ſaluer de pied ferme, ils feront le ſalut l'un après l'autre, obſervant de garder les diſtances ci-deſſus indiquées, de manière que la pointe du ſabre ſoit baſſe au moment du paſſage de la perſonne que l'on ſalue.

Tous les Officiers qui feront à la tête d'une même troupe, ſalueront enſemble en marchant, réglant leurs mouvemens ſur ceux de l'Officier qui commandera cette troupe.

DE L'ECOLE DU CAVALIER.

LA première inſtruction à donner à un Cavalier, eſt de lui apprendre à connoître ſon cheval & toutes les parties de ſon équipement, ainſi que leur uſage, afin qu'il ſache le brider, le gourmer, le ſeller & le harnacher de tout point, & la manière dont il doit le charger.

Enſuite on le fera monter à cheval & on l'y placera; on l'inſtruira comment il doit tenir ſa bride & s'en ſervir pour conduire ſon cheval, de la manière de porter ſes étriers, de la longueur dont les étrivières doivent être, & de l'uſage qu'il doit faire de ſes jambes & de ſes éperons. Enfin on le fera trotter pour lui faire trouver le fond de la ſelle, & lui donner plus de fermeté à cheval; le tout ainſi qu'il ſera détaillé dans une inſtruction particulière que Sa Majeſté ſe propoſe de donner inceſſamment.

En même temps qu'on occupera les Cavaliers à ces premières inſtructions, on les exercera un à un, ou deux à deux tout au plus, aux différens maniemens des armes, d'abord à pied, enſuite à cheval, leur en montrant tous les principes.

Les Maréchaux-des-logis ſeront principalement chargés de ce ſoin à l'égard des Cavaliers de recrue, qui ſeront cependant exercés très-ſouvent par leurs Officiers, ſoit dans les garniſons ou dans les quartiers, & que l'Aide-major raſſemblera quand le régiment ſe trouvera réuni, pour leur faire répéter ces exercices.

Lorſque les Cavaliers auront été inſtruits chacun en particulier au maniement des armes, tant à pied qu'à cheval, & affermis dans les principes de l'équitation, on les réunira au nombre de vingt-quatre par compagnie pour les exercer enſemble.

Soit que les régimens ſoient aſſemblés ou que les compagnies

compagnies ſoient ſéparées, on les exercera au moins deux fois la ſemaine à cheval, & une fois à pied, tant en été qu'en hiver. Celles qui ſeront dans le plat pays ſeront exercées tous les jours pendant le temps de leur aſſemblée.

DU MANIEMENT DES ARMES A PIED.

LES Cavaliers ſe formeront ſur un ſeul rang pour faire le maniement des armes à pied, ſoit qu'on les exerce par compagnie ou par régiment.

Le Capitaine & le Lieutenant ſe placeront un pas en avant des Cavaliers, le premier vis-à-vis le tiers de la droite du front de la compagnie, le ſecond vis-à-vis le tiers de la gauche.

Lorſque le Capitaine ſera ſeul, il ſe placera vis-à-vis le centre de ſa compagnie, & s'il y avoit deux Officiers avec lui, celui qui ſeroit ſupérieur en grade, ou le plus ancien à grade égal, ſe placera à ſa droite & l'autre à ſa gauche vis-à-vis le tiers du front de la compagnie.

L'ordre des droites & des gauches ſera inverti dans les compagnies qui ſeront formées par la gauche.

Le Maréchal-des-logis ſe tiendra trois pas en arrière du centre de la compagnie.

Les Trompettes ſeront ſur un ſeul rang à la droite de leur eſcadron, & à la gauche de celui qui fermera la droite du régiment: le Timbalier ſera un pas en avant du centre de ceux de ſon eſcadron.

Les Cavaliers ſeront ſerrés de manière que les coudes ſe touchent ſans ſe gêner, les deux talons ſur une même ligne, ſéparés d'environ deux pouces, les épaules effacées, la poitrine en avant, le corps droit & bien à plomb, le mouſqueton dans la main gauche, les trois derniers doigts ſous le talon de la croſſe, le premier doigt ſur la vis, & le pouce en deſſus, le canon en dehors, la ſoûgarde quatre pouces au deſſous du défaut de l'épaule, le coude gauche près du corps, la main droite pendante ſur le côté, la tête haute, tournée ſur la droite pour partir en même temps que le Cavalier de ſa droite, excepté celui qui fermera la droite du rang, lequel devra regarder attentivement le major ou autre Officier qui commandera l'exercice, pour partir immédiatement après le dernier mot du commandement.

Ils obſerveront tous de mettre une ſeconde entre l'exécution de chaque temps des commandemens qui en ont pluſieurs.

Celui qui commandera l'exercice mettra deux ſecondes de repos entre la fin de l'exécution d'un commandement & le commencement du ſuivant; & ce même intervalle ſera obſervé par les Cavaliers quand ils feront le maniement des armes à la muette.

Pour mettre toute la préciſion poſſible dans ces différens repos, on accoûtumera les Cavaliers à compter *un, deux,* dans le temps d'une ſeconde, & à répéter cette formule autant de fois qu'ils auront de ſecondes à attendre pour exécuter les mouvemens, ſans faire avancer de Cavalier hors du rang pour leur ſervir de modèle.

Quant à l'exécution des mouvemens, on aura attention que les Cavaliers y emploient la plus grande vivacité, paſſant toûjours leurs armes le plus près du corps qu'il ſera poſſible, & qu'à la fin de chaque temps il ý ait une ceſſation totale de mouvement.

Le Major ou autre Officier qui devra commander l'exercice, commencera par faire ceux des commandemens de l'inſpection à pied ci-après qui ſeront néceſſaires, pour vérifier ſi les armes ne ſont point chargées; après quoi il fera cet avertiſſement:

Prenez garde à vous, on va faire le maniement des armes.

A cet avertiſſement, tous les Officiers & Maréchaux-des-logis mettront le ſabre à la main, & le porteront contre l'épaule droite.

Le Major fera enſuite ſonner un appel par les Trompettes; alors les Officiers & Maréchaux-des-logis ôteront enſemble le chapeau de la main gauche: les Officiers partant du pied gauche, & conſervant leur alignement & leurs diſtances, ſe porteront en avant de la troupe, & feront halte quand ils auront dépaſſé le Major de quatre pas; les Maréchaux-des-logis feront demi-tour à droite, & ſe porteront douze pas en arrière de l'eſcadron.

A la fin du ſecond appel qui ſera ordonné par le Major, les Officiers & les Maréchaux-des-logis feront face à la troupe par un demi-tour à droite, & remettront leur chapeau, obſervant que tous ces mouvemens ſe faſſent enſemble, & ils continueront de porter leur ſabre pendant tout le temps de l'exercice.

Perſonne ne parlera que le Major, pas même pour reprendre les Cavaliers qui ſeroient en faute; & ſi un Cavalier laiſſe tomber ſa baguette ou ſon chapeau en quelque temps de l'exercice que ce ſoit, il ne le ramaſſera pas, & il attendra que le Major ordonne à un Maréchal-des-logis de le faire.

COMMANDEMENS.

1. *A droite.*

2. *A gauche.*

Ces deux commandemens s'exécuteront chacun en un temps, en tournant ſur le talon gauche & portant le droit ſur la même ligne, ayant attention de garder toûjours l'intervalle de deux pouces entre les deux talons, de ne point laiſſer chanceler le corps ni les armes, de ne tourner ni trop ni trop peu, & d'exécuter les mouvemens brusquement sans sauter.

3. *Demi-tour à droite.*

4. *Demi-tour à droite.*

Ces deux commandemens s'exécuteront chacun en trois temps.

Au premier, on portera le pied droit derrière le gauche, les deux talons à quatre pouces de distance l'un de l'autre.

Au deuxième, on tournera sur les deux talons par la droite jusqu'à ce que l'on fasse face du côté opposé.

Au troisième, on reportera le pied droit à côté du gauche sans frapper.

5. *Haut le mousqueton.*

En deux temps. Au premier, on portera la main droite sous la platine sans mouvoir le mousqueton.

Au deuxième, en retournant le mousqueton, on le portera devant soi entre les deux yeux, le canon en dedans, la main droite embrassant la poignée près de la soûgarde; on saisira en même temps le mousqueton de la main gauche, le tenant à la hauteur de la cravatte près de l'extrémité supérieure de la platine, le pouce alongé le long du bois, le bas de la crosse appuyé contre le ventre.

6. *Apprêtez le mousqueton.*

En un temps: on armera le mousqueton en mettant le pouce sur le chien, & passant le pied droit à trois pouces en équerre derrière le gauche, tournant sur le talon gauche, & effaçant le corps à droite.

7. *En joue.*

En un temps: on appuiera la crosse à l'épaule droite, le coude droit serré, ajustant devant soi, plaçant le premier doigt dans la soûgarde & le pouce sur la poignée.

8. *Feu.*

En un temps: on appuiera avec force le premier doigt sur la détente, sans baisser la tête ni faire aucun autre mouvement; & aussi-tôt après on retirera les armes vivement, le le petit doigt & les trois autres doigts de la main gauche restant toûjours appuyés à l'extrémité supérieure de la platine, le pouce gauche passant sur le canon, la crosse sous le bras droit, le bout du canon plus élevé d'un pied & demi que le bassinet, la platine vis-à-vis la poitrine, la sougarde un peu en dehors & au dessous du teton droit, le coude gauche collé au corps, les deux premiers doigts & le pouce de la main droite sur le chien prêts à le mettre en son repos.

9. *Mettez le chien en son repos.*

En un temps : on relevera le chien avec le pouce & le premier doigt, jusqu'à ce qu'il s'arrête dans le cran du repos; & tout de suite on remettra la main droite appuyée contre la poignée du mousqueton.

10. *Prenez la cartouche.*

En un temps : on portera brusquement la main au porte-cartouche pour en tirer la cartouche.

11. *Déchirez-la avec les dents.*

En deux temps : au premier, on portera la cartouche à la bouche pour la déchirer.

Au deuxième, on la portera brusquement près du bassinet.

12. *Amorcez.*

En un temps, tenant la cartouche des deux premiers doigts, le pouce sur l'ouverture, on remplira le bassinet de poudre, & à la fin du temps on portera la main droite derrière la batterie.

13. *Fermez le bassinet.*

En un temps, on fermera le bassinet avec les deux derniers doigts, tenant toûjours la cartouche des deux premiers doigts, & on reposera la main droite derrière la platine, saisissant la poignée entre les deux derniers doigts & la paume de la main.

14. *Passez le mousqueton du côté de l'épée.*

En deux temps : au premier, on fera à gauche en portant le pied droit en avant, le talon à la hauteur de la boucle du pied gauche, & on paſſera le mouſqueton perpendiculairement entre la tête & l'épaule gauche, le canon en dehors, faiſant gliſſer la main gauche, le pouce alongé juſqu'à l'anneau de la grenadière à la hauteur de la cravatte.

Au deuxième, en quittant le mouſqueton de la main droite, & ſans déplacer la main gauche, on baiſſera le mouſqueton, le bras gauche tendu, & on portera en même temps la main droite au bout du canon pour le ſaiſir avec les deux derniers doigts.

15. *Mettez la cartouche dans le canon.*

En un temps: on mettra la cartouche dans le canon, & on ſaiſira en même temps la baguette avec le pouce & le premier doigt de la main droite, plaçant le pouce alongé le long du gros bout de la baguette, le premier doigt plié & le coude près du corps.

16. *Tirez la baguette.*

En un temps: on chaſſera la baguette à moitié hors des tenons en alongeant le bras droit bruſquement de toute ſa longueur; puis renverſant la main on empoignera la baguette près du bout du canon; & achevant de la tirer par un ſecond mouvement de bras très-prompt, on la fera tourner, le bras droit tendu, pour la porter ſur le ceinturon, & on fera gliſſer auſſi-tôt la main droite à quatre doigts du gros bout, tenant la baguette parallèle au canon.

17. *Bourrez.*

En un temps: on portera la baguette bruſquement de biais au bout du canon, dans lequel on la chaſſera vivement, & on la retirera de même pour la reporter par le petit bout ſur le ceinturon, gliſſant la main à environ ſix pouces de l'extrémité.

18. *Remettez la baguette en ſon lieu.*

En un temps: on fera entrer la baguette dans le tenon juſqu'à ce que la main touche le bout du canon, & déployant enſuite le bras, on la pouſſera avec force pour la faire entrer d'un ſeul mouvement qui ramènera la main droite au bout du mouſqueton, qu'elle empoignera tout de ſuite.

19. *Portez le mouſqueton.*

En trois temps : au premier, quittant le mouſqueton de la main droite, on l'élèvera devant ſoi de la main gauche, la portant à la hauteur du menton entre la tête & l'épaule gauche, & on le ſaiſira de la main droite à la poignée.

Au deuxième, faiſant face en tête & frappant du pied droit pour le ramener ſur la même ligne que le gauche, on élèvera un peu le mouſqueton de la main droite pour que la main gauche vienne ſe placer à la croſſe, les trois derniers doigts ſous le talon, le premier doigt ſur la vis, & le pouce au deſſus.

Au troiſième, on attirera avec la main gauche le mouſqueton près du corps, pour le placer comme il eſt dit à la première poſition ſous les armes, & la main droite tombera pendante ſur le côté.

20. *Préſentez le mouſqueton.*

En trois temps : les deux premiers comme au cinquième commandement.

Au troiſième, en retirant le pied droit en équerre à deux pouces derrière le gauche, & faiſant toûjours face en tête, on abaiſſera le mouſqueton à plomb vis-à-vis l'œil gauche, la baguette en avant, le bras droit étendu dans toute ſa longueur, & l'avant-bras gauche collé au corps ; les mains ne changeront point de ſituation, on abaiſſera ſeulement le pouce de la main gauche derrière le canon.

21. *Portez le mouſqueton.*

En deux temps : au premier, en frappant du pied droit & le plaçant à côté du gauche, on relèvera le mouſqueton de la main droite, tournant le canon en dehors, & on placera la main gauche à la croſſe, comme il eſt preſcrit au ſecond temps du dix-neuvième commandement.

Au deuxième, comme il eſt dit au troiſième temps du dix-neuvième commandement.

22. *Paſſez la platine ſous le bras gauche.*

En quatre temps : au premier, on portera la main droite à la poignée.

Au deuxième, on portera le mouſqueton de la main droite vis-à-vis l'épaule gauche, le canon en dehors, plaçant la main gauche au deſſous du porte-baguette d'en bas.

Au troiſième, on paſſera la platine ſous le bras gauche, la main droite accompagnant le mouſqueton.

Au quatrième, on portera bruſquement la main droite ſur le côté.

23. *Portez le mouſqueton.*

En trois temps : au premier, on reportera le mouſqueton devant ſoi de la main gauche, en le relevant & le ſaiſiſſant en même temps de la main droite à la poignée, le pouce le long du revers de la platine, le canon en dehors, la main gauche à la hauteur du menton.

Au deuxième, on portera la main gauche à la croſſe.

Au troiſième, comme au troiſième du dix-neuvième commandement.

24. *Renverſez le mouſqueton.*

En cinq temps : les deux premiers comme au cinquième commandement.

Au troiſième, en retournant la main gauche & alongeant le bras on renverſera le mouſqueton le bout du canon en avant, la croſſe paſſant entre le bras droit & le corps, on le tiendra le canon en dehors & la croſſe à la hauteur de la bouche, & on l'empoignera tout de ſuite de la main droite à la poignée.

Au quatrième, on paſſera le mouſqueton renverſé ſous le bras gauche, gliſſant la main gauche le long du canon, de façon que la croſſe ſoit appuyée à l'épaule.

Au cinquième, on portera bruſquement la main droite pendante ſur le côté.

25. *Portez le mouſqueton.*

En quatre temps : au premier, on reportera le mouſqueton en avant de la main gauche, & on joindra tout de ſuite la main droite à la poignée, la croſſe à la hauteur de la cravatte.

Au deuxième, la main gauche ſe renverſera & retournera bruſquement le mouſqueton le bout du canon en avant, pour le placer dans la poſition preſcrite au deuxième temps du cinquième commandement.

Au troiſième, on le poſera vis-à-vis l'épaule gauche, la main gauche ſe plaçant à la croſſe.

Au

Au quatrième, comme au troisième du dix-neuvième commandement.

26. *Portez le mousqueton au bras.*

En trois temps : au premier, on portera la main droite à la poignée.

Au deuxième, la main gauche quittant la crosse, se placera dans l'habit sur la poitrine, & on appuyera le chien sur l'avant-bras gauche sans détacher l'arme de l'épaule.

Au troisième, on laissera tomber la main droite pendante.

27. *Portez le mousqueton.*

En trois temps : au premier, on portera la main droite à la poignée du mousqueton.

Au deuxième, la main gauche se placera à la crosse, & tiendra le mousqueton dans la position ordinaire.

Au troisième, la main droite tombera pendante.

28. *Reposez-vous sur le mousqueton.*

En quatre temps : au premier & au deuxième, comme aux deux premiers du cinquième commandement.

Au troisième, portant le mousqueton de la main gauche au côté droit, on l'empoignera de la main droite à la hauteur du chapeau, le tenant à plomb, la soûgarde en dehors.

Au quatrième, on laissera tomber le mousqueton à la droite de la pointe du pied droit, la soûgarde en avant, observant de lever le pied en même temps que le mousqueton arrivera à terre, & de le replacer aussi-tôt en frappant, & la main gauche restera pendante sur le côté.

29. *Posez le mousqueton à terre.*

En quatre temps : au premier, en même temps qu'on tournera le mousqueton le canon vers le corps, on tournera sur le talon gauche à droite, on placera le pied droit derrière la crosse du mousqueton, & on mettra la main gauche derrière le dos pour saisir la bretelle du porte-cartouche.

Au deuxième, laissant couler la main droite jusqu'à la grenadière, on fera un pas de deux pieds en avant du pied gauche, & en courbant le corps brusquement l'on couchera le mousqueton par terre la platine en dessus.

Au troisième, on se relevera en retirant le pied gauche, & tenant le bras droit pendant.

Au quatrième, on tournera sur le talon gauche pour faire face en tête, le pied droit se replaçant à côté du gauche; & la main gauche, quittant la bretelle du porte-cartouche, tombera pendante sur le côté.

30. *Reprenez le Mousqueton.*

En quatre temps: au premier, on tournera à droite sur le talon gauche, on placera le pied droit derrière la crosse du mousqueton, & la main gauche saisira en même temps la bretelle du porte-cartouche.

Au deuxième, on fera un pas de deux pieds en avant du pied gauche, se courbant pour reprendre le mousqueton à l'anneau de la grenadière.

Au troisième, on se relèvera tenant le mousqueton à côté de soi, le canon vers le corps, la main droite à l'anneau de la grenadière.

Au quatrième, sans déplacer la main droite, retournant le mousqueton, la soûgarde en dehors, la main gauche tombera pendante, & on tournera à gauche en ramenant le pied droit à sa place.

31. *Portez le mousqueton.*

En quatre temps: au premier, on élevera le mousqueton de la main droite, en le rapprochant du corps, & la main gauche le saisira au dessus de la platine.

Au deuxième, on le ramènera devant soi de la main gauche à la hauteur de la cravatte, la main droite le saisissant sous la platine.

Au troisième & au quatrième, comme au troisième & au quatrième du vingt-cinquième commandement.

32. *Mousqueton à la grenadière.*

En quatre temps: au premier, on portera la main droite à la poignée.

Au deuxième, en faisant un à droite sur les deux talons, on portera le mousqueton en travers au dessus de la tête, la platine en dessus; on passera tout de suite la tête & le bras droit entre la grenadière & le mousqueton qu'on laissera tomber à droite, la main droite appuyée sur la crosse.

Au troisième, on poussera la crosse en arrière de la main droite, qu'on laissera pendante ainsi que la main gauche.

Au quatrième, on se remettra par un à gauche sur les deux talons.

33. *Préparez-vous à mettre le sabre à la main.*

En un temps, passant le poignet de la main droite dans le cordon, on saisira la poignée du sabre, & on dégagera la lame du fourreau de quatre doigts.

34. *Sabre à la main.*

En un temps : on tirera vivement le sabre, & on le portera à l'épaule droite, le dos de la lame appuyé contre l'épaule, le poignet à la hauteur de la hanche.

35. *Remettez le sabre.*

En trois temps : au premier, on détachera le sabre de l'épaule, tournant le tranchant de la lame à gauche, prenant la poignée à pleine main, étendant le pouce jusqu'à la garde ; & on élèvera le sabre tout de suite perpendiculairement la pointe en haut, la garde à hauteur & à un pied de distance de la cravate, le coude un demi-pied plus bas que le poignet.

Au deuxième, on saisira le fourreau de la main gauche ; & en renversant la main droite & levant le coude, on fera entrer la moitié de la lame dans le fourreau.

Au troisième, on enfoncera vivement la lame jusqu'à la garde, laissant tomber la main gauche & la droite pendantes.

36. *Portez le mousqueton.*

En quatre temps : au premier, on fera un à droite sur les deux talons, & on portera la main droite sur la crosse.

Au deuxième, on tirera le mousqueton en avant ; on passera tout de suite le bras droit entre le corps & le mousqueton, qu'on saisira par dessous à la poignée ; on le passera en travers par dessus la tête, & on le portera vis-à-vis l'épaule gauche, la main gauche sous la crosse.

Au troisième, on fera un à gauche sur les deux talons.

Au quatrième, comme au troisième du dix-neuvième commandement.

Le maniement des armes étant fini, le Major fera sonner un appel, après lequel les Officiers & les Maréchaux-des-logis ôtant le chapeau de la main gauche, partiront ensemble du pied gauche, marchant à même hauteur pour venir reprendre leurs places; & après un second appel, les Officiers feront un demi-tour à droite, & remettront leur chapeau, ainsi que les Maréchaux-des-logis.

DU MANIEMENT DES ARMES A CHEVAL.

POUR faire le maniement des armes à cheval; si c'est par compagnie, les Cavaliers se rangeront sur un seul rang; si c'est par escadron ou par régiment, on les fera mettre sur deux rangs.

Les Officiers seront à la tête de leur troupe dans le même ordre qui a été expliqué pour le maniement des armes à pied, observant de laisser entre leurs chevaux & ceux des Cavaliers du premier rang, le même espace que l'on doit garder entre les chevaux de chaque rang.

Les Commandans d'escadron se placeront au centre du rang des Officiers de leur escadron, qu'ils dépasseront d'une demi-longueur de cheval.

Les Cornettes ou autres Officiers qui porteront les étendards, se tiendront dans le rang à la gauche du cinquième Cavalier de la droite & de la gauche de leur escadron.

Les Maréchaux-des-logis seront en serre-file derrière le centre de leur compagnie, à trois pas de distance du dernier rang.

Les Trompettes seront sur le flanc de l'escadron, comme au maniement des armes à pied.

Les

Les Cavaliers d'un même rang s'aligneront ensemble, de manière que leurs épaules soient sur la même ligne; & ils se tiendront ni trop ouverts ni trop serrés, pour que les bottes se touchent sans qu'ils se pressent.

Quant à la distance entre les rangs, elle sera d'un pas entre la croupe du cheval de devant, & la tête de celui qui le suit.

On observera dans le maniement des armes à cheval, les mêmes repos & le même silence qui ont été prescrits pour celui qui se fait à pied.

Le Major après avoir fait les commandemens nécessaires pour vérifier si les armes ne sont pas chargées, commencera par cet avertissement :

Prenez garde à vous, on va faire le maniement des armes.

A cet avertissement, tous les Officiers & Maréchaux-des-logis mettront le sabre à la main & le porteront à l'épaule droite.

Le Major fera ensuite sonner un appel, auquel tous les Officiers, à l'exception de ceux qui porteront les étendards, partiront pour se porter en avant de la troupe, quatre pas au-delà du Major, & les Maréchaux-des-logis feront demi-tour à droite pour s'éloigner de douze pas du dernier rang de leur compagnie.

Après un second appel, les Officiers & les Maréchaux-des-logis feront face à la troupe par un demi-tour à droite, & resteront portant le sabre durant tout le temps de l'exercice.

COMMANDEMENS.

1. *Ajustez vos rênes.*

En deux temps: au premier, on prendra le bout des rênes par dessous le bouton avec le pouce & les deux premiers doigts de la main droite, on les élevera devant soi, en ouvrant un peu la main gauche, sans la déplacer pour les mettre à leur point.

Au deuxième, on laissera tomber le bout des rênes à droite, & on portera la main droite sur la cuisse.

2. *Dégagez le mousqueton.*

En un temps: on saisira de la main gauche sans quitter les rênes, le bout de la courroie du porte-crosse, & de la main droite le côté de la boucle, & avec le premier doigt de cette main on fera sortir l'ardillon; & le bout de la courroie étant sorti de la boucle, la main gauche prendra le côté de la boucle, & de la droite on empoignera le mousqueton par la poignée.

On observera que les Carabiniers doivent porter leur carabine, comme les Cavaliers leur mousqueton.

3. *Haut le mousqueton.*

En un temps: on élevera le mousqueton & on le portera la crosse sur la cuisse, le bout haut en avant.

4. *Accrochez le mousqueton.*

En trois temps: au premier, on baissera le mousqueton sur la main gauche, dont on l'empoignera, le tournant, le bout un peu élevé, vers l'oreille gauche du cheval.

Au deuxième, on prendra de la main droite le porte-mousqueton à la bandoulière, on y accrochera le mousqueton par l'anneau roulant, & tout de suite on reprendra le mousqueton de la main droite à la poignée.

Au troisième, comme au troisième commandement.

5. *Apprêtez le mousqueton.*

En un temps: on armera le mousqueton de la main droite seule, en tirant le chien en arrière, jusqu'à ce qu'on l'ait entendu se loger dans le cran.

6. *En joue.*

En un temps : on portera de la main droite la crosse du mousqueton à l'épaule droite, & pour soûtenir le mousqueton on avancera la main gauche vers la tête du cheval, sans alonger les rênes.

7. *Feu.*

En deux temps : au premier, on appuyera avec force le premier doigt ſur la détente, ſans baiſſer la tête, ni faire aucun autre mouvement.

Au deuxième, on laiſſera tomber le mouſqueton horizontalement ou armes plates ſur la main gauche, dont on le ſaiſira près de la partie ſupérieure de la platine, le pouce gauche alongé le long du bois, le pouce droit ſur le chien.

8. *Mettez le chien en ſon repos.*

En un temps, comme au neuvième commandement à pied.

9. *Prenez la cartouche.*

En un temps : le mouſqueton étant appuyé ſur le pommeau de la ſelle, on portera la main droite bruſquement au porte-cartouche pour en tirer la cartouche.

10. *Déchirez-la avec les dents.*

En deux temps, comme au onzième commandement à pied.

11. *Amorcez.*

En un temps, comme au douzième commandement à pied.

12. *Fermez le baſſinet.*

En un temps, comme au treizième commandement à pied.

13. *Paſſez le mouſqueton du côté de l'épée.*

En un temps : levant le mouſqueton de la main gauche, & tournant la baguette du côté du corps, on pouſſera la croſſe des deux derniers doigts de la main droite pour la faire paſſer à gauche entre la fonte & l'épaule du cheval.

14. *Mettez la cartouche dans le canon.*

En un temps, comme au quinzième commandement à pied.

15. *Tirez la baguette.*

En un temps, comme au ſeizième commandement à pied.

16. *Bourrez.*

En un temps, comme au dix-ſeptième commandement à pied.

17. *Remettez la baguette.*

En un temps, comme au dix-huitième commandement à pied.

18. *Haut le mouſqueton.*

En deux temps : au premier, on relevera de la main gauche le mouſqueton, & de la droite on le ſaiſira à la poignée.

Au deuxième, en le levant on portera la croſſe ſur le plat de la cuiſſe, en quittant le mouſqueton de la main gauche qui reſtera occupée à tenir la bride.

19. *Laiſſez tomber le mouſqueton.*

En un temps : on portera doucement le bout du mouſqueton en bas, & on le laiſſera pendre à la bandoulière.

20. *Ajuſtez vos rênes.*

En deux temps, comme au premier commandement.

21. *Piſtolet à la main.*

En deux temps : au premier, on portera la main droite ſur la croſſe du piſtolet de la gauche, paſſant par deſſus les rênes & la main gauche.

Au deuxième, on le tirera de la fonte, & on le portera ſur la main gauche dont on l'empoignera, le bout un peu élevé en avant vers l'oreille gauche du cheval ; & on mettra le pouce de la main droite ſur le chien, & le premier doigt devant la détente.

22. *Apprêtez le piſtolet.*

En deux temps : au premier, on armera le piſtolet de la main

main droite, le tenant toûjours de la gauche par le milieu du canon.

Au deuxième, on l'élèvera, le bout en haut, le bras demi-tendu, le poignet à la hauteur de l'œil droit, la soûgarde en avant.

23. *En joue.*

En un temps: en alongeant le bras, on visera le long du canon, tenant la soûgarde en dessous, & le bout du pistolet directement devant soi plus bas que le poignet.

24. *Feu.*

En trois temps: au premier, on tirera la détente.

Au deuxième, on reportera le pistolet sur la main gauche, on relevera le chien du pouce & du premier doigt de la main droite pour le mettre en son repos, & on ramènera tout de suite la batterie avec les deux premiers doigts.

Au troisième, on remettra le pistolet dans la fonte, & on reportera tout de suite la main droite sur la cuisse droite.

25. *Pistolet à la main.*

En deux temps: au premier, on portera la main droite sur le pistolet droit, les doigts entre la crosse & la selle, les ongles & le pouce en dessus de la crosse.

Au deuxième, on le tirera de la fonte, & on le portera sur la main gauche dont on l'empoignera, le bout un peu élevé en avant vers l'oreille gauche du cheval, on mettra le pouce de la main droite sur le chien & le premier doigt devant la détente.

26. *Apprêtez le pistolet.*

En deux temps, comme au vingt-deuxième commandement.

27. *En joue.*

En un temps, comme au vingt-troisième commandedement.

28. *Feu.*

En trois temps, comme au vingt-quatrième commandement.

29. *Préparez-vous pour mettre le ſabre à la main.*

En un temps: portant la main droite par deſſus la gauche & les rênes, on paſſera le poignet dans le cordon, & on prendra le ſabre à la poignée, dégageant un peu la lame de dedans le fourreau.

30. *Sabre à la main.*

En un temps, comme au trente-quatrième commandement à pied.

31. *Remettez le ſabre.*

En trois temps, comme au trente-cinquième commandement à pied, ſans quitter les rênes.

32. *Ajuſtez vos rênes.*

En deux temps, comme au premier commandement.

33. *Haut le mouſqueton.*

En un temps: on le prendra avec la main droite à la poignée, & on le portera ſur la cuiſſe le bout en haut.

34. *Décrochez le mouſqueton.*

En deux temps: au premier, on abaiſſera le mouſqueton avec la main droite ſur la main gauche, dont on l'empoignera, tournant le bout un peu élevé vers l'oreille gauche du cheval, & de la droite on décrochera le mouſqueton. Au deuxième, on fera haut le mouſqueton.

35. *Mouſqueton à la grenadière.*

En deux temps: au premier, on portera le mouſqueton en travers au deſſus de la tête, la platine en deſſus; on paſſera tout de ſuite la tête & le bras droit entre la grenadière & le mouſqueton qu'on laiſſera tomber à droite, la main droite appuyée ſur la croſſe.

Au deuxième, on pouſſera la croſſe en arrière de la main droite, qu'on laiſſera pendante ſur la cuiſſe.

36. *Haut le mouſqueton.*

En un temps: on prendra avec la main droite la croſſe du mouſqueton, pour le tirer en avant, on paſſera tout de ſuite la main & le bras droit entre le corps & le mouſqueton; on le ſaiſira par deſſous à la poignée; on le paſſera en travers par deſſus la tête; & on le portera, la croſſe ſur la cuiſſe, le bout haut en avant.

37. *Remettez le mouſqueton en ſon lieu.*

En deux temps: au premier, tenant le mouſqueton à la poignée, on l'élèvera de la main droite à la hauteur de la cravatte.

Au deuxième, on remettra le bout du mouſqueton dans ſa botte; on engagera la croſſe dans la courroie, comme on l'en a dégagée, & on bouclera la courroie.

38. *Ajuſtez vos rênes.*

En deux temps, comme au premier commandement.

Le maniement des armes étant fini, le Major fera ſonner un appel, à la fin duquel les Officiers & Maréchaux-des-logis ſe mettront en mouvement pour retourner à leurs places: lorſque les Officiers ſeront à dix pas du front de la troupe, ils ſalueront de l'épée les étendards, & étant enſuite arrivés à leurs places, ils ſe remettront par un demi-tour à droite, obſervant de faire tous ces mouvemens enſemble avec préciſion.

DE L'INSPECTION A PIED.

LES Cavaliers qui auront été commandés à pied, étant arrivés au lieu du rendez-vous, s'y mettront en bataille ſur un rang, comme il eſt dit au maniement des armes à pied, ou ſur pluſieurs rangs, s'il eſt ainſi ordonné; & après que ceux qui en ſeront chargés auront examiné ſi leurs armes & tout leur équipement ſont en bon état, on avertira qu'on va faire l'inſpection, & auſſi-tôt les

Officiers iront ſe placer ſur la droite ou ſur la gauche de leur troupe, ſelon qu'elle ſera formée par la droite ou par la gauche.

Les Cavaliers placeront le porte-cartouche ſur le devant de la hanche droite, & ils le découvriront de la main droite, en renverſant les pattes & les mettant entre le corps & le porte-cartouche.

Après quoi on commandera :

1. *Paſſez le mouſqueton du côté de l'épée.*

En trois temps : au premier, on portera la main droite à la poignée, ſans remuer le mouſqueton.

Au deuxième, en avançant le pied droit devant le pied gauche, & effaçant le corps un peu ſur la gauche, on détachera le mouſqueton de l'épaule pour le tenir droit, le canon en dehors, entre la tête & l'épaule gauche, & la main gauche le ſaiſira à la hauteur du front, le bras droit étant étendu dans toute ſa longueur.

Au troiſième, comme au deuxième du quatorzième commandement du maniement des armes à pied.

2. *Mettez la baguette dans le canon.*

En trois temps : au premier, comme au ſeizième commandement du maniement des armes à pied.

Au deuxième, on portera la baguette de biais au bout du canon dans lequel on la laiſſera tomber.

Au troiſième, on laiſſera tomber la main droite pendante ſur le côté.

Après ce commandement, l'Officier qui devra faire l'inſpection paſſera ſur le front de la troupe pour viſiter les armes & les cartouches des Cavaliers, leſquels à meſure que cet Officier arrivera devant eux, ſaiſiront le bout de la baguette avec le pouce & le premier doigt de la main droite, & l'élevant de trois pouces hors du canon, la laiſſeront retomber tout de ſuite, après quoi ils replaceront leur porte-cartouche & laiſſeront tomber la main droite pendante ſur le côté.

L'Officier

L'Officier qui aura fait cette visite étant de retour à sa place, on commandera :

3. *Remettez la baguette.*

En un temps, comme au dix-huitième commandement du maniement des armes à pied.

Si on veut faire charger le mousqueton, on fera les commandemens suivans jusques & compris le quatorzième.

4. *A droite, retirez le mousqueton.*

En un temps, on fera un à droite & demi sur le talon gauche, & on retournera en même temps le mousqueton, pour le porter dans la même position qu'après avoir fait feu au huitième commandement du maniement des armes à pied.

5. *Découvrez le bassinet.*

En un temps : on découvrira le bassinet en poussant ferme la batterie avec le pouce droit ; & on reportera la main droite à la poignée.

6. *Prenez la cartouche.*

7. *Déchirez-la avec les dents.*

8. *Amorcez.*

9. *Fermez le bassinet.*

10. *Passez le mousqueton du côté de l'épée.*

11. *Mettez la cartouche dans le canon.*

12. *Tirez la baguette.*

13. *Bourrez.*

14. *Remettez la baguette.*

15. *Portez le mousqueton.*

Ces dix commandemens s'exécuteront comme il est dit au maniement des armes à pied, depuis le dixième commandement jusques & compris le dix-neuvième.

Pour faire l'inſpection du ſabre, on commandera :

16. *Mouſqueton à la grenadière.*

17. *Préparez-vous pour mettre le ſabre à la main.*

18. *Sabre à la main.*

Ces trois commandemens s'exécuteront comme aux 32.e, 33.e & 34.e du maniement des armes à pied.

A meſure que l'Officier qui fait l'inſpection s'arrêtera devant chaque Cavalier, ce Cavalier préſentera le ſabre en un temps, le portant bruſquement devant lui la lame ſur ſon plat, la pointe haute, le bras demi-tendu, le bout du pouce contre la coquille, qui ſera à la hauteur de la cravatte.

Deux temps après, il retournera la poignée du ſabre dans la main, pour faire voir l'autre côté de la lame; & quand l'Officier paſſera, le Cavalier reportera le ſabre en deux temps : le premier en le retournant dans la main pour le préſenter, & le ſecond, en l'appuyant contre l'épaule.

19. *Remettez le ſabre.*

20. *Portez le mouſqueton.*

Comme aux 35.e & 36.e commandemens du maniement des armes à pied.

Lorſqu'une troupe ſortira du ſervice à pied, le Commandant fera décharger les armes aux Cavaliers avant de les renvoyer au quartier.

DE L'INSPECTION A CHEVAL.

QUAND les Cavaliers qui auront été commandés à cheval ſeront arrivés au rendez-vous, ils s'y mettront en bataille ſur un ou pluſieurs rangs ſelon qu'il ſera ordonné.

Le Commandant examinera s'il ne manque rien à leur équipement ou à celui de leurs chevaux.

Lorſqu'il aura fini cet examen, il fera compter les Cavaliers par quatre juſqu'à la fin de chaque rang.

Il avertira enſuite qu'on va faire l'inſpection, & les Cavaliers ayant levé la patte du porte-cartouche comme à l'inſpection à pied, il commandera :

1. *Ajuſtez vos rênes.*

En deux temps, comme au premier commandement du maniement des armes à cheval.

2. *Dégagez le mouſqueton.*

3. *Haut le mouſqueton.*

Comme aux deuxième & troiſième commandemens du maniement des armes à cheval.

4. *Préſentez le mouſqueton en avant.*

En un temps : on préſentera le mouſqueton, la platine en avant, le tenant par la poignée perpendiculairement, le pouce alongé ſur la contre-platine, à la hauteur & à un pied de diſtance de la cravatte, le coude moins élevé que le poignet d'un demi-pied.

Après ce commandement, on fera l'inſpection du mouſqueton.

5. *Haut le mouſqueton.*

En un temps : on portera la croſſe ſur le haut de la cuiſſe droite, le bout du mouſqueton haut en avant.

6. *Paſſez le mouſqueton du côté de l'épée.*

En deux temps : au premier, portant le bout du mouſqueton à droite, on fera paſſer la croſſe à gauche entre les rênes & le corps, tournant la platine en deſſus, la baguette du côté du corps : on ſaiſira le mouſqueton de la main gauche, au deſſus & contre la platine, ſans quitter les rênes.

Au deuxième, en plaçant la croſſe entre la fonte & l'épaule du cheval, on tiendra le bout du mouſqueton vis-à-vis l'épaule droite, & de la main droite on prendra la baguette avec le pouce & le premier doigt que l'on repliera ainſi que les autres, alongeant le pouce vers le bout de la baguette.

7. *Tirez la baguette.*

En un temps, comme au ſeizième commandement du maniement des armes à pied.

8. *Mettez la baguette dans le canon.*

En un temps : on mettra la baguette dans le canon, & avec la main droite on empoignera le bout du mouſqueton, le pouce alongé le long du bois.

Après l'exécution de ce commandement on examinera la cartouche, & ſi les armes ne ſont point chargées, & les Cavaliers replaceront enſuite la cartouche.

9. *Remettez la baguette.*

En un temps, comme au dix-huitième du maniement des armes à pied.

10. *Haut le mouſqueton.*

En deux temps, comme au dix-huitième du maniement des armes à cheval.

On ne fera les commandemens qui ſuivent, juſques & compris le vingt-deuxième, que quand on voudra faire charger les armes; hors ce cas on paſſera tout de ſuite du dixième commandement au vingt-troiſième.

11. *Retirez le mouſqueton.*

En un temps, comme au deuxième du ſeptième commandement du maniement des armes à cheval.

12. *Découvrez le baſſinet.*

En un temps : on découvrira le baſſinet en pouſſant ferme la batterie avec le pouce droit, & on reportera la main à la poignée.

13. *Prenez la cartouche.*

En un temps, comme au neuvième du maniement des armes à cheval.

14. *Déchirez-la*

14. *Déchirez-la avec les dents.*

15. *Amorcez.*

16. *Fermez le baſſinet.*

Ces trois commandemens s'exécuteront comme aux 11e, 12e & 13e commandemens du maniement des armes à pied.

17. *Paſſez le mouſqueton du côté de l'épée.*

En un temps, comme au treizième commandement du maniement des armes à cheval.

18. *Mettez la cartouche dans le canon.*

19. *Tirez la baguette.*

20. *Bourrez.*

21. *Remettez la baguette.*

Ces quatre commandemens comme aux 15e, 16e, 17e & 18e du maniement des armes à pied.

22. *Haut le mouſqueton.*

En deux temps, comme au dix-huitième du maniement des armes à cheval.

23. *Mouſqueton à la grenadière.*

En trois temps, comme au trente-cinquième commandement du maniement des armes à cheval.

24. *Prenez le piſtolet gauche.*

En deux temps : au premier, on prendra avec la main droite le piſtolet gauche à la croſſe, par deſſus les rênes & la main gauche.

Au deuxième, on le tirera de la fonte & on le mettra dans la main gauche, dont on le prendra à la poignée, le tenant droit, la platine en avant.

25. *Mettez la baguette dans le canon.*

En un temps : on tirera la baguette de ſon lieu, & on la mettra dans le canon.

26. *Prenez le pistolet droit.*

En deux temps : au premier, on portera la main droite sur le pistolet droit, les doigts entre la crosse & la selle, les ongles & le pouce en dessus de la crosse.

Au deuxième, on le tirera brusquement en le retournant : on le placera à côté de l'autre & on le tiendra avec la main gauche en passant les doigts dans la sougarde.

27. *Mettez la baguette dans le canon.*

En un temps : on tirera la baguette & on la mettra dans le canon ; & reprenant ce pistolet avec la main droite à la poignée, on les tiendra tous les deux au dessus du pommeau de la selle, les platines en avant.

Après ce commandement, on verra si les pistolets ne sont pas chargés, & dès que le Commandant sera passé, les Cavaliers remettront le pistolet droit dans la main gauche comme au deuxième temps du vingt-sixième commandement.

28. *Remettez les baguettes.*

En deux temps : au premier, on retirera la baguette du canon du dernier pistolet & on la remettra en son lieu.

Au deuxième, on retirera l'autre baguette du canon, on la remettra en son lieu, & on reportera la main droite à la poignée du dernier pistolet.

29. *Remettez le dernier pistolet.*

En un temps : on le remettra dans la fonte gauche.

On passera les commandemens suivans jusques & compris le trente-septième, quand on ne voudra point faire charger les pistolets.

30. *Découvrez le bassinet.*

En deux temps : au premier, on prendra avec la main droite le premier pistolet par la poignée, & on le baissera sur la main gauche.

Au deuxième, on découvrira le bassinet en poussant

ferme la batterie avec le pouce droit, & on reportera la main droite à la poignée.

31. *Prenez la cartouche.*

32. *Déchirez-la avec les dents.*

33. *Amorcez.*

Comme aux 13.e 14.e & 15.e commandemens.

34. *Fermez le bassinet.*

En un temps : on fermera le bassinet, & du même temps on poussera la crosse du pistolet à gauche avec la main droite, tenant toûjours la cartouche dans les doigts, & le pistolet de la main gauche, la platine en dessus.

35. *Mettez la cartouche dans le canon.*

En un temps : on mettra la cartouche dans le canon, & tout de suite on saisira la baguette avec le pouce & les deux premiers doigts, la paume de la main vers le bout du pistolet.

36. *Tirez la baguette.*

En un temps : on tirera brusquement la baguette, & en la retournant on présentera le gros bout vis-à-vis le canon.

37. *Bourrez.*

En un temps : on bourrera deux fois, on remettra la baguette en son lieu, & on prendra le pistolet avec la main droite à la poignée, le tenant droit devant soi.

38. *Remettez le pistolet.*

En deux temps : au premier, on mettra le pistolet dans la fonte.

Au deuxième, on portera la main droite sur la cuisse droite.

On passera encore le commandement qui suit, si l'on ne veut pas faire charger les pistolets.

39. *Pistolet à la main.*

En deux temps : au premier, on portera la main droite sur la crosse du pistolet gauche, par dessus la main gauche & les rênes.

Au deuxième, on le tirera de la fonte, & on le portera sur la main gauche, dont on l'empoignera, tenant le bout un peu élevé.

Pour charger ce second pistolet & le remettre, on répétera les mêmes commandemens que pour le premier, à commencer du trentième, jusques & compris le trente-huitième.

40. *Préparez-vous pour mettre le sabre à la main.*

En un temps, comme au vingt-neuvième du maniement des armes à cheval.

41. *Sabre à la main.*

En un temps, comme au trente-quatrième du maniement des armes à pied.

Après ce commandement, le Commandant fera l'inspection du sabre, que les Cavaliers présenteront successivement comme il est expliqué à l'inspection à pied après le dix-huitième commandement.

42. *Remettez le sabre.*

En trois temps, comme au trente-cinquième commandement du maniement des armes à pied, sans quitter les rênes.

43. *Ajustez vos rênes.*

En deux temps, comme au premier commandement du maniement des armes à cheval.

44. *Haut le mousqueton.*

45. *Remettez le mousqueton en son lieu.*

Comme aux 36e & 37e commandemens du maniement des armes à cheval.

46. *Ajustez*

46. *Ajuſtez vos rênes.*

En deux temps, comme au premier commandement du maniement des armes à cheval.

Pour faire l'inſpection à pied d'une troupe qui eſt à cheval, on la fera mettre pied à terre après le quarante-troiſième commandement, comme il ſera dit ci-après à la ſixième manœuvre pour une Compagnie; on fera enſuite les commandemens de l'inſpection à pied qu'on jugera néceſſaires, & après que la troupe ſera remontée à cheval, on fera les 44ᵉ, 45ᵉ & 46ᵉ commandemens.

DES MAXIMES GE'NE'RALES POUR LES MANŒUVRES.

TOUTE troupe étant ſous les armes, obſervera le ſilence pour entendre le commandement, & on punira ceux qui ne le garderont pas.

Chaque commandement ſera précédé de cet avertiſſement, *Prenez garde à vous*, après lequel on expliquera aux Cavaliers ce qu'ils devront exécuter, ils ne ſe mettront en mouvement qu'au mot *Marche*, & ils ne s'arrêteront qu'au mot *Halte;* ſi l'on veut qu'ils marchent en avant, après un quart de converſion, on dira: *En avant, Marche.*

La première règle pour ſe mouvoir & pour marcher, eſt de s'éloigner le moins qu'il eſt poſſible de l'ordre de bataille, & de préférer les manœuvres par leſquelles on peut ſe reformer le plus promptement & avec moins de chemin.

On obſervera auſſi de faire tous les mouvemens quarrément, autant qu'il ſera poſſible.

Lorſque les Cavaliers marcheront droit devant eux, ceux de la droite regarderont leur gauche, ceux de la gauche regarderont leur droite, pour s'aligner tous sur le centre.

On ne fera jamais mouvoir une troupe sans l'ébranler auparavant, & pour cet effet, au commandement de *Prenez garde à vous,* les Cavaliers ajusteront leurs rênes, & rassembleront leurs chevaux en restant dans la même place.

Dans tous les quarts de conversion, soit à droite, soit à gauche, les Cavaliers regarderont l'aîle qui marche, ayant attention de ne point se séparer de la partie qui soûtient.

Ceux des deuxième & troisième rangs observeront de suivre exactement leurs chefs de files, sur-tout dans les quarts de conversion, & pour y parvenir, ils se porteront un peu vers le côté opposé à celui sur lequel la troupe tournera.

Lorsqu'une troupe marchant en colonne tournera sur sa droite ou sur sa gauche, les Cavaliers qui suivront marchéront droit devant eux jusqu'au terrein où ceux qui les précédent auront tourné, sans se porter d'avance, ni sur leur droite, ni sur leur gauche.

Les Commandans de troupes auront continuellement attention à ne jamais laisser plus d'intervalle du premier rang de leur division au premier rang de celle qui les précède, qu'il ne leur en faut pour se remettre en bataille.

Lorsqu'une troupe marche par un, par deux, ou par quatre Cavaliers, comme elle occupe alors plus de terrein qu'il ne lui en faut pour se remettre en bataille, on n'observera point de distance entre les rangs, ni entre les compagnies & escadrons.

On marchera toûjours par le plus grand front que le terrein le permettra.

La distance ordinaire d'un escadron à l'autre étant en

bataille, doit être de vingt-quatre pas, c'eſt-à-dire, de la moitié du front de l'eſcadron.

Les eſcadrons qui ſeront en ſeconde ligne, conſerveront d'un eſcadron à l'autre une diſtance égale à leur front.

Lorſqu'une troupe ſera en colonne, au commandement de *Marche,* toutes les diviſions ſe mettront en mouvement en même temps, pour conſerver toûjours le même intervalle de l'une à l'autre.

Lorſqu'on fera un commandement différent pour la droite & pour la gauche, le commandement pour la droite ſera toûjours énoncé le premier.

On fera exécuter aux Cavaliers à pied, les manœuvres qu'ils devront faire à cheval, afin que leur attention n'étant pas diviſée par le ſoin de conduire leur cheval, ils conçoivent plus aiſément ce qu'ils auront à faire.

On les leur fera exécuter enſuite à cheval, d'abord au pas & lentement, puis plus légèrement à meſure que la troupe ſe trouvera plus inſtruite, juſqu'à ce qu'elle puiſſe les faire avec toute la vivacité néceſſaire.

Toute la Cavalerie ſera inſtruite à appuyer ſur ſa droite & ſur ſa gauche, en fuyant des talons.

Elle ſera exercée, tantôt ſur deux rangs & tantôt ſur trois rangs, l'intention de Sa Majeſté étant qu'elle ſache combattre de ces deux manières; cependant, attendu que ſa compoſition actuelle convient mieux pour ſe former ſur deux rangs, on préférera cette façon dans le cours ordinaire du ſervice.

DES MANŒUVRES
POUR UNE COMPAGNIE.

LES vingt-quatre Cavaliers commandés par compagnie, ſe rendront au rendez-vous indiqué à leur quartier, ou à la porte du Commandant de la troupe, une demi-heure avant celle qui aura été marquée pour l'Exercice.

Ils y amèneront leurs chevaux, les tenant de la main gauche par les deux rênes, à un demi-pied des branches du mors, le corps à la hauteur & le plus près qu'il sera possible de l'épaule du cheval, la gourmette pendante, le bout des rênes dans la main droite.

Ils se rangeront par ancienneté sur un seul rang, & le Commandant fera l'inspection de l'homme & du cheval.

Il disposera ensuite la compagnie pour être sur deux rangs, le premier Brigadier à la droite, le deuxième Brigadier le douzième du rang, les deux premiers Carabiniers le sixième & le septième, & les deux derniers le treizième & le vingt-quatrième.

Au défaut des Brigadiers, les premiers Carabiniers prendront leurs places, & les plus anciens Cavaliers suppléeront de même au défaut des Carabiniers.

Le Commandant fera compter tous les Cavaliers par quatre, commençant par la droite.

Il fera rompre la compagnie comme il le jugera à propos, pour la conduire sur le terrein destiné pour l'exercice.

Il l'y fera reformer sur un seul rang.

Après avoir fait les commandemens nécessaires pour vérifier si les armes ne sont pas chargées, & lui avoir fait exécuter le maniement des armes, il fera faire telles des manœuvres suivantes qu'il jugera à propos, ayant soin cependant que les Cavaliers soient exercés à les faire toutes.

1.re MANŒUVRE.

DÉFILER PAR UN, DEUX, QUATRE.

Prenez garde à vous.

Marchez un.... marchez deux.... marchez quatre.

Marche.

POUR exécuter ce commandement, si on marche par un,

un, le premier Cavalier marchant en avant, le deuxième viendra prendre sa place & le suivra; les autres successivement en feront autant.

Si on a commandé de marcher par deux, le troisième & le quatrième Cavaliers viendront par un à droite par deux prendre la place des deux premiers, & ainsi des autres, de deux en deux.

Si on a commandé de marcher par quatre, les quatre Cavaliers de la droite marchant en avant droit devant eux, tous les autres feront à droite par quatre, & les suivront.

Si la compagnie étoit sur deux rangs, le second rang feroit les mêmes mouvemens après que le premier les auroit achevés.

DOUBLER LES RANGS ET SE FORMER PAR COMPAGNIE.

11.me MANŒUVRE.

LORSQU'APRÈS avoir défilé par un, on voudra former la compagnie, on la fera d'abord marcher par deux, ensuite par quatre, & enfin on la fera former en avant; & pendant tout le temps que les rangs doubleront, le premier rang fera halte pour attendre la queue de la compagnie.

1.er Commandement.

Prenez garde à vous.
Marchez deux.
Marche.

Le premier rang s'arrêtera jusqu'à ce que les derniers Cavaliers aient doublé, après quoi on les fera marcher tous.

2.me

Prenez garde à vous.
Marchez quatre.
Marche.

Le premier rang s'arrêtera jusqu'à ce que les derniers rangs aient doublé par quatre, après quoi on marchera.

3.me Commandement.

Prenez garde à vous.

En avant ſur un rang, formez la compagnie.

Marche.

Les quatre Cavaliers qui forment le premier rang, feront quatre pas en avant ; ceux du ſecond rang feront un quart de converſion à gauche pour ſe former par un quart de converſion à droite, à côté du premier rang : les autres rangs marcheront toûjours en avant juſqu'à ce qu'ils ſoient arrivés ſur le lieu où le deuxième a fait le quart de converſion à gauche ; ils l'exécuteront de même, & ſe reformeront par le quart de converſion à droite quand ils ſeront arrivés ſur l'alignement de la gauche du rang qui les précède.

III.me MANŒUVRE.

AU PAS ET AU TROT.

On fera faire cette manœuvre d'abord au pas & lentement, enſuite au trot.

1.er Commandement.

Prenez garde à vous.

Marche . . . . au trot.

La compagnie marchera au pas droit devant elle, & ſe mettra au trot lorſqu'on en fera le commandement.

2.me

Prenez garde à vous.

A droite par compagnie.

Marche.

La droite ſoûtiendra, le Cavalier qui la ferme faiſant ſeulement un à droite : la gauche marchera juſqu'au commandement *Halte*, & ce mouvement ſe fera légèrement.

3.me

Prenez garde à vous.

Marche . . . . au trot.

A gauche par compagnie.

Marche.

La gauche ſoûtiendra ; la droite marchera légèrement juſqu'au commandement *Halte*.

Prenez garde à vous. 4.me Commandement.

Marche . . . . au trot.

Par compagnie, demi-tour à droite.

Marche.

La droite soûtiendra ; la gauche fera légèrement la demi-conversion, & s'arrêtera au commandement *Halte.*

Prenez garde à vous. 5.me

Marche . . . . au trot.

Par compagnie, demi-tour à gauche.

Marche.

La gauche soûtiendra ; la droite fera légèrement la demi-conversion, & s'arrêtera au commandement *Halte.*

Prenez garde à vous. 6.me

Préparez-vous pour mettre le sabre à la main.

En un temps, comme au vingt-neuvième du maniement des armes à cheval.

Sabre à la main. 7.me

En un temps, comme au trente-quatrième du maniement des armes à pied.

Prenez garde à vous. 8.me

Marche.

On marchera bien alignés, ni trop ouverts, ni trop serrés, de manière que les bottes se touchent sans se presser.

Sonnez la charge. 9.me

Lorsque le Trompette sonnera la charge, on commandera *au trot ;* & après avoir marché ainsi quelques pas, au signal des Officiers les Cavaliers porteront leur sabre haut comme s'ils vouloient frapper, tenant la lame un peu en travers, la pointe en arrière, plus haute d'un pied que la main.

10.me Commandement.

Halte.

Portez vos sabres.

Marche . . . . au trot.

Ils feront halte, mettront leur sabre à l'épaule, & remarcheront au trot jusqu'au commandement *Halte;* ensuite on fera remettre les sabres.

TIRER EN AVANT.

IV.me MANŒUVRE.

LES Officiers ayant dû préliminairement donner tous leurs soins pour accoûtumer les chevaux au feu; pour les y faire davantage, leur faire perdre la mauvaise habitude qu'ils contractent souvent de sortir difficilement du rang, & pour apprendre au Cavalier à escarmoucher, on fera mettre la moitié d'une compagnie vis-à-vis de l'autre à cent pas ou environ; on fera sortir ensuite un Cavalier de chacune de ces parties; ils accrocheront leur mousqueton, sortiront de leurs rangs pour s'avancer l'un vis-à-vis de l'autre, tireront leur mousqueton, le laisseront tomber, mettront le sabre à la main, le croiseront, le laisseront tomber ensuite pendu au poignet par le cordon; tireront un ou les deux pistolets, reprendront leur sabre, le remettront, & feront haut le mousqueton; après quoi ils marcheront deux pas en avant, & iront ensuite se placer dans le rang, en passant par derrière.

On en usera ainsi pour toute la compagnie successivement, recommandant aux Cavaliers de ne point tirer sur les chevaux; & ensuite on fera remettre la compagnie sur un rang, comme elle étoit auparavant.

SE FORMER SUR DEUX RANGS.

V.me MANŒUVRE.

POUR former la compagnie sur deux rangs, le Commandant fera les commandemens suivans:

Prenez garde à vous.

1.er Commandement.

Je parle au demi-rang de la droite.

Marche.

Ce demi-rang

Ce demi-rang marchera quatre pas, & s'arrêtera au commandement *Halte.*

Prenez garde à vous.

Sur deux rangs, formez la compagnie.

Marche.

2.me *Commandement.*

Ceux qui ont marché appuyeront à gauche pendant que ceux qui sont restés appuyeront à droite pour prendre leur Chef-de-file.

METTRE PIED A TERRE.

VI.me *MANŒUVRE.*

1.er *Commandement.*

Prenez garde à vous.

Pied à terre.

En quatre temps : au premier, le premier rang marchera trois pas en avant comme ci-dessus.

Au deuxième, les nombres pairs reculeront de la longueur d'un cheval.

Au troisième, tous quitteront l'étrier droit, prendront l'étrivière avec la main droite, mettront l'étrier à la crosse du pistolet droit, prendront tout de suite une poignée de crins avec la main gauche sans quitter leurs rênes, & mettront la main droite sur l'arçon de devant, les doigts en dedans & le pouce en dehors.

Au quatrième, s'appuyant sur l'arçon de devant ils s'éleveront sur l'étrier gauche, passeront la jambe droite tendue par dessus la croupe du cheval, prenant le troussequin de la main droite pour se soûtenir en arrivant à terre : tout de suite de la même main ils mettront l'étrier gauche à la crosse du pistolet gauche, & quittant les rênes de la main gauche pour les saisir au dessous des branches du mors, ils les rabattront de la main droite sur le bras gauche qu'ils passeront entre les deux rênes, faisant face à leurs chevaux, & contenant les rênes de la main droite au dessous des branches du mors que la main gauche aura quittées.

Reprenez vos rangs.

2.me

En un temps : quittant les rênes de la main droite, ils feront un demi-tour à droite, tournant le dos à leurs chevaux; & les Cavaliers qui avoient reculé s'avanceront pour rentrer dans le rang & s'aligner avec les autres.

VII.me MANŒUVRE.

MONTER A CHEVAL.

Prenez garde à vous.

A cheval.

En trois temps: au premier, tous les Cavaliers feront demi-tour à gauche, prendront de la main droite la rêne droite au dessous de la branche du mors; & de la main gauche ils releveront les rênes sur le cou de leurs chevaux: de la même main ils prendront le bas de la rêne que tenoit la main droite, & de celle-ci ils abattront l'étrier gauche.

Au deuxième, les Cavaliers qui sont comptés pairs feront reculer leurs chevaux; & tous élevant le bout des rênes de la main droite, les saisiront de la main gauche, avec une poignée de crins, prendront l'étrier de la main droite, chausseront le pied gauche dedans, & ensuite porteront la main droite au troussequin.

Au troisième, avec l'aide des deux mains & l'appui du pied gauche ils monteront à cheval légèrement & ensemble, abattront l'étrier droit, ajusteront les rênes: ceux qui avoient reculé avanceront pour s'aligner, & le second rang serrera sur le premier.

VIII.me MANŒUVRE.

DES A DROITE ET A GAUCHE PAR COMPAGNIE.

1.er Commandement.

Prenez garde à vous.

Par compagnie, à droite.

Marche.

La file de la droite soûtiendra; la gauche marchera jusqu'au commandement *Halte.*

2.me

Prenez garde à vous.

Par compagnie, à gauche.

Marche.

La file de la gauche soûtiendra, & celle de la droite marchera jusqu'au commandement *Halte.*

Prenez garde à vous. 3.me Commandement.

Par compagnie, demi-tour à droite.

Marche.

La file de la droite soûtiendra; celle de la gauche marchera & fera une demi-conversion jusqu'au commandement *Halte.*

Prenez garde à vous. 4.me

Par compagnie, demi-tour à gauche.

Marche.

La file de la gauche soûtiendra, & celle de la droite marchera pour faire une demi-conversion jusqu'au commandement *Halte.*

DES A DROITE ET A GAUCHE PAR COMPAGNIE SUR LE CENTRE.

IX.me MANŒUVRE.

Prenez garde à vous. 1.er Commandement.

Par compagnie, à droite sur le centre.

Marche.

Les deux Cavaliers du centre de chaque rang tourneront ensemble à droite; ceux de la droite feront un quart de conversion en reculant; ceux de la gauche en feront un sur le centre en marchant en avant.

Prenez garde à vous. 2.me

Par compagnie, à gauche sur le centre.

Marche.

Les deux Cavaliers du centre de chaque rang tourneront ensemble à gauche; ceux de la gauche feront un quart de conversion en reculant; ceux de la droite en feront un sur le centre en marchant en avant.

Pour faire faire le demi-tour à droite ou à gauche par compagnie sur le centre, on commandera successivement deux quarts de conversion.

X.me MANŒUVRE.

ROMPRE LA COMPAGNIE ET MARCHER EN AVANT PAR QUATRE.

Prenez garde à vous.

Pour marcher en avant par quatre.

Marche.

Les quatre Cavaliers de la droite du premier rang marcheront en avant, les huit autres du même rang se rompront à droite par quatre & suivront les premiers. Dès qu'ils auront fait encore un quart de conversion à gauche, les quatre de la droite du second rang les suivront, pendant que les huit autres du même rang se rompront à droite par quatre.

XI.me MANŒUVRE.

REMETTRE LA COMPAGNIE EN BATAILLE EN AVANT.

Halte.

En avant sur deux rangs, formez la compagnie.

Marche.

Les quatre Cavaliers qui forment le premier rang marcheront quatre pas; ceux du deuxième rang feront un quart de conversion à gauche pour se former par un quart de conversion à droite, à côté du premier rang, pendant que les quatre autres rangs marcheront toûjours en avant; le troisième fera son quart de conversion à gauche lorsqu'il sera arrivé à la place où le deuxième l'a fait, & se reformera ensuite; le quatrième serrera sur le premier & sera halte; le cinquième fera ce qu'a fait le deuxième; & le sixième ce qu'a fait le troisième.

XII.me MANŒUVRE.

ROMPRE LA COMPAGNIE ET MARCHER A DROITE PAR QUATRE.

Prenez garde à vous.

A droite par quatre, rompez la compagnie.

Marche.

Le premier rang fera à droite par quatre; lorsque les derniers

derniers Cavaliers de ce rang auront dépaſſé le ſecond rang, celui-ci marchera en avant ſur le terrein qu'occupoit le premier, fera de même à droite par quatre, & ſuivra.

FORMER LA COMPAGNIE SUR SA GAUCHE.

XIII.me MANŒUVRE.

Halte.

A gauche ſur deux rangs, formez la compagnie.

Marche.

Les trois premiers rangs feront à gauche par quatre, & marcheront quatre pas en avant, pendant que les trois autres marcheront toûjours devant eux, juſqu'à ce que le quatrième rang ſoit arrivé à la hauteur du quatrième Cavalier du premier rang; alors les trois derniers rangs feront de même à gauche par quatre.

ROMPRE LA COMPAGNIE ET MARCHER A GAUCHE PAR QUATRE.

XIV.me MANŒUVRE.

Prenez garde à vous.

A gauche par quatre, rompez la compagnie.

Marche.

Le premier rang fera à gauche par quatre; lorſque les derniers Cavaliers de ce rang auront dépaſſé le ſecond rang, celui-ci marchera en avant ſur le terrein qu'occupoit le premier rang, où il fera de même à gauche par quatre, & ſuivra.

Lorſque les compagnies ne ſeront pas dans l'obligation de marcher par leur droite, & qu'on voudra ſimplement marcher à gauche, on les fera marcher à colonne renverſée, exécutant par la gauche ce qu'on a exécuté par la droite à la douzième manœuvre; & alors, pour les remettre, on exécutera la treizième manœuvre en faiſant les quarts de converſion à droite.

XV.me MANŒUVRE.

FORMER LA COMPAGNIE SUR SA DROITE.

Halte.

A droite ſur deux rangs, formez la compagnie.

Marche.

Les trois premiers rangs feront à droite par quatre, & marcheront quatre pas en avant, pendant que les trois autres marcheront toûjours devant eux, juſqu'à ce que le quatrième rang ſoit arrivé à la hauteur du quatrième Cavalier de la gauche du premier rang; alors les trois derniers rangs feront de même à droite par quatre.

XVI.me MANŒUVRE.

BORDER LA HAYE POUR UNE REVUE.

Pour une revûe on fera mettre les Cavaliers par ancienneté, ſans en tranſpoſer aucun, & on fera les commandemens ſuivans:

1.er Commandement.

Prenez garde à vous.

Par compagnie, à droite.

Marche.

Comme au premier commandement de la huitième manœuvre.

2.me

Prenez garde à vous.

Sur un rang, formez la compagnie.

Marche.

Le premier rang de chaque compagnie appuyera à droite du talon gauche: le ſecond appuyera à gauche du talon droit; & lorſqu'il aura débordé la gauche du premier, il marchera en avant pour s'aligner.

XVII.me MANŒUVRE.

SE REMETTRE SUR DEUX RANGS.

1.er Commandement.

Prenez garde à vous.

Je parle au demi-rang de la droite.

Marche.

Il marchera quatre pas & s'arrêtera au commandement *Halte.*

Prenez garde à vous. 2.me Commandement.

Sur deux rangs, formez la compagnie.

Marche.

Ceux qui ont marché appuyeront à gauche, pendant que ceux qui sont restés appuyeront à droite pour prendre leurs chefs de file.

Prenez garde à vous. 3.me

Par compagnie, à gauche.

Marche.

Comme au deuxième commandement de la huitième manœuvre.

Lorsqu'on voudra manœuvrer sur trois rangs, la compagnie étant en haye par rang d'ancienneté, au même nombre de vingt-quatre, le premier Brigadier restant à la droite, le second Brigadier se placera le huitième, & les quatre Carabiniers les neuvième, seizième, dix-septième & vingt-quatrième.

SE FORMER SUR TROIS RANGS.

Pour former la compagnie sur trois rangs, le Commandant ayant marqué les divisions, fera les commandemens suivans.

Prenez garde à vous.

Par tiers de compagnie, à droite.

Marche.

Les Cavaliers exécuteront ce commandement.

Prenez garde à vous.

Serrez vos rangs.

Marche.

Les deux derniers rangs serreront sur le premier.

Prenez garde à vous.
Par compagnie, à gauche.
Marche.

On exécutera ce commandement.

On obſervera que lorſque pluſieurs compagnies manœuvreront enſemble ſur trois rangs, on ne leur fera exécuter les à droite & à gauche que par deux compagnies enſemble.

L'exercice étant fini, le Commandant de la compagnie la conduira au lieu où elle ſe ſera aſſemblée, il y fera mettre les Cavaliers pied à terre, & ils ramèneront leurs chevaux à l'écurie, les tenant de même qu'ils les auront amenés.

On en uſera de même toutes les fois que les Cavaliers reviendront de garde ou de détachement.

DES MANŒUVRES
POUR UN RÉGIMENT.

Les jours marqués pour l'exercice d'un régiment, les Cavaliers s'aſſembleront, une demi-heure avant celle qui aura été donnée pour l'exercice, au rendez-vous indiqué pour chaque compagnie, d'où les Commandans deſdites compagnies, après en avoir fait l'inſpection, & les avoir fait monter à cheval & former au nombre de vingt-quatre par compagnie, comme il a été dit au titre des Manœuvres pour une compagnie, les conduiront au rendez-vous général du régiment, faiſant marcher derrière les Cavaliers deſtinés pour la petite troupe que l'on formera par chaque eſcadron, lorſque le régiment ſera raſſemblé.

Les compagnies ſe placeront en bataille, la première à la droite du premier eſcadron, la deuxième à la droite du ſecond eſcadron, la troiſième à la gauche du premier eſcadron,

eſcadron, la quatrième à la gauche du deuxième eſcadron, la cinquième à la gauche de la première compagnie, la ſixième à la gauche de la deuxième, la ſeptième entre la troiſième & la cinquième, & la huitième entre la quatrième & la ſixième.

Dans les régimens compoſés d'un plus grand nombre d'eſcadrons, on obſervera le même ordre, en plaçant alternativement les compagnies dans chaque eſcadron, ſuivant leur ancienneté.

Quand on formera l'eſcadron par la droite ou par la gauche, toutes les compagnies ſe formeront de même.

Les eſcadrons dans le régiment, & les régimens dans la brigade obſerveront le même ordre.

Les compagnies ayant pris leur place dans l'eſcadron, ſe rendront du lieu du rendez-vous général ſur celui qui aura été deſtiné pour l'exercice, où elles ſe formeront par compagnie dès que le terrein le permettra, & le régiment ſe mettra en bataille ſur deux rangs, les petites troupes formant un troiſième rang.

Si quelques compagnies ne pouvoient fournir le nombre de vingt-quatre Cavaliers, on les égaliſera enſemble en leur faiſant ſe prêter des hommes mutuellement.

Place des Officiers.

LES Officiers, les Maréchaux-des-logis & les Trompettes prendront les places qui leur ont été indiquées aux titres du maniement des armes.

Le Major & l'Aide-Major ſans avoir de place fixe ſe tiendront à portée du Commandant du premier & du ſecond eſcadron, pour recevoir leurs ordres.

Le Commandant du régiment placera les Officiers réformés aux compagnies où il jugera à propos.

Etendards.

ON commandera un Lieutenant & un Brigadier ſur tout le régiment, un Carabinier par chaque compagnie où il y a un étendard, & deux Cavaliers par chaque compagnie du régiment, lesquels se rendront avec le Timbalier & tous les Trompettes, au lieu où sont les étendards.

Le Lieutenant placera ce détachement sur un rang dans l'ordre suivant, commençant par la droite, quatre Cavaliers, la moitié des Trompettes, le Timbalier, l'autre moitié des Trompettes, quatre Cavaliers, les quatre Carabiniers destinés à porter les étendards, & huit autres Cavaliers.

Il fera rompre cette troupe à droite par quatre, les quatre premiers Cavaliers qui précéderont les Trompettes, auront le mousqueton haut, il se mettra à la tête des autres Cavaliers qui auront le sabre à la main, & le Brigadier suivra derrière.

Le Lieutenant conduira ainsi les étendards au lieu indiqué pour le rendez-vous général du régiment, & dès qu'on les y verra arriver, on fera mettre le sabre à la main à tout le régiment.

Le Lieutenant, avec sa troupe entière, remettra les étendards à chaque compagnie, & ne renverra les Trompettes, ni aucun Cavalier de l'escorte, qu'après que le dernier étendard aura été remis à sa compagnie; alors lesdits Cavaliers rentreront à leurs compagnies par derrière les rangs.

Les deux étendards de chaque escadron seront au premier rang à la septième file, à compter de la droite & de la gauche de l'escadron lorsqu'il sera sur deux rangs; & à la cinquième file si l'escadron est sur trois.

Petite troupe. TOUTES les fois qu'un régiment prendra les armes en entier pour manœuvrer, on fera une petite troupe par escadron, des Cavaliers de chaque compagnie de cet escadron qui excéderont le nombre de vingt-quatre.

Cette troupe, plus ou moins forte, sera commandée par un Lieutenant & un Maréchal-des-logis, au choix du Commandant.

Elle fera fur un rang, à vingt pas en arrière du centre de l'efcadron, elle exécutera les mêmes mouvemens que le refte de l'efcadron, foit qu'il marche en avant ou en arrière, & lorfqu'il fe rompra pour marcher en colonne, elle fe rompra en même-temps fur deux ou fur quatre rangs, & marchera à même hauteur que l'efcadron lorfque le terrein le permettra, ou le fuivra derrière de fort près lorfqu'elle ne pourra marcher à côté.

Le Lieutenant fe tiendra à la tête & au centre de cette troupe, & le Maréchal-des-logis derrière.

Se mettre en bataille.

LE régiment, en arrivant fur le lieu où il devra faire l'exercice, fe mettra en bataille, foit en avant, foit fur fa droite, foit fur fa gauche, fuivant la commodité du terrein, & il exécutera, pour cet effet, l'une des manœuvres ci après, 7e, 9e ou 11e.

Le régiment étant en bataille, on fera compter les rangs par quatre.

On fera le maniement des armes fi le Commandant du régiment le demande, commençant par les commandemens de l'infpection pour vérifier fi les armes ne feront point chargées; on fera exécuter enfuite les manœuvres fuivantes, que le Commandant fera commander par l'Officier qu'il jugera à propos, s'il ne les commande pas lui-même.

I.re MANŒUVRE.

DE'FILER PAR UN, DEUX, QUATRE.

Comme à la première manœuvre pour une compagnie.

II.me MANŒUVRE.

DOUBLER LES RANGS ET SE REFORMER PAR COMPAGNIE.

Comme aux deux premiers commandemens de la deuxième manœuvre pour une compagnie & toute la onzième manœuvre de ce même titre.

La tête de chaque compagnie attendra pour marcher que fa queue l'ait rejointe: la première compagnie de l'efcadron fera halte, jufqu'à ce que les autres l'aient rejointe au trot, n'ayant entr'elles que l'intervalle néceffaire pour fe mettre en bataille; le premier efcadron d'un regiment fera halte de même, jufqu'à ce que les autres foient arrivés au trot; le Commandant du fecond efcadron devant réferver, outre les douze pas néceffaires pour placer la divifion qui le fuit, vingt-quatre autres pas pour l'intervalle d'un efcadron à l'autre.

Dans une marche de nuit, on continueroit à défiler au pas ou au trot, jufqu'à ce que l'on eût joint la divifion qui précède.

III.me MANŒUVRE.

DES A DROITE ET A GAUCHE PAR COMPAGNIE.

Comme à la huitième manœuvre pour une compagnie.

Les Cavaliers du fecond rang auront attention à garder leurs Chefs-de-file.

IV.me MANŒUVRE.

DES A DROITE ET A GAUCHE PAR COMPAGNIE SUR LE CENTRE.

Comme à la neuvième manœuvre pour une compagnie.

V.me MANŒUVRE.

DES A DROITE ET A GAUCHE PAR DEUX COMPAGNIES.

1.er Commandement.

Prenez garde à vous.
Par deux compagnies, à droite.
Marche.

La file de la droite de la première compagnie de l'efcadron foûtiendra, & la file de la gauche de la troifième marchera: la file de la droite de la quatrième foûtiendra, & la file de la gauche de la deuxième marchera; le tout s'arrêtera au commandement *Halte.*

2.me

Prenez garde à vous.
Par deux compagnies, à gauche.
Marche.

La

La file de la gauche de la troisième compagnie soûtiendra, & celle de la droite de la première marchera : la file de la gauche de la deuxième soûtiendra, & la file de la droite de la quatrième marchera; le tout s'arrêtera au commandement *Halte.*

Prenez garde à vous. 3.me Commandement.

Par deux compagnies, demi-tour à droite.

Marche.

La file de la droite de la première compagnie soûtiendra, & celle de la gauche de la troisième marchera ; la file de la droite de la quatrième compagnie soûtiendra, & celle de la gauche de la deuxième marchera: on fera la demi-conversion, & l'on s'arrêtera lorsqu'on se retrouvera aligné avec le reste de l'escadron, faisant face du côté opposé.

Prenez garde à vous. 4.me

Par deux compagnies, demi-tour à gauche.

Marche.

La file de la gauche de la troisième compagnie soûtiendra, & celle de la droite de la première marchera; la file de la gauche de la deuxième compagnie soûtiendra, & celle de la droite de la quatrième marchera : on fera la demi-conversion, & on s'arrêtera comme il est dit ci-dessus.

DES A DROITE ET DES A GAUCHE PAR ESCADRON.

VI.me MANŒUVRE.

Prenez garde à vous. 1.er Commandement.

Par escadron, à droite.

Marche.

La droite de l'escadron soûtiendra, la gauche marchera.

Lorsque le Commandant de l'escadron jugera que le quart de conversion sera fini, il dira: *Halte;* & l'escadron s'arrêtera.

2.me Commandement.

Prenez garde à vous.

Par eſcadron, à gauche.

Marche.

La gauche ſoûtiendra, la droite marchera, & s'arrêtera au commandement *halte*.

3.me

Prenez garde à vous.

Par eſcadron, demi-tour à droite.

Marche.

La droite ſoûtiendra, & la gauche marchera, & ne s'arrêtera que lorſqu'après la demi-converſion elle ſe trouvera alignée avec les autres eſcadrons.

4.me

Prenez garde à vous.

Par eſcadron, demi-tour à gauche.

Marche.

La gauche ſoûtiendra, la droite marchera, & s'arrêtera comme au troiſième commandement.

On répétera cette manœuvre en marchant au trot très-légèrement, faiſant les mêmes commandemens; & à la fin de chaque mouvement, on dira; *En avant, Marche... au trot.*

Toutes les manœuvres de la Cavalerie étant dérivées de celles qui précèdent, on ceſſera de répéter les commandemens dans celles qui ſuivent.

VII.me MANŒUVRE.

UN RÉGIMENT ÉTANT EN COLONNE PAR COMPAGNIE, SE METTRE EN BATAILLE EN AVANT.

LA première compagnie ſe portera légèrement huit pas en avant, pendant que celle qui ſuit fera à gauche par compagnie, & tout de ſuite à droite par compagnie pour ſe former à la gauche de la première: toutes les autres continueront à marcher devant elles, juſqu'à ce que chacune étant arrivée où celle qui la précède a fait à gauche, elle n'ait plus que l'efpace néceffaire pour exécuter ce mouvement; & elle fera enfuite à droite par compagnie, lorfque fon premier rang fera arrivé à la hauteur de la gauche de la compagnie qui la précède.

SE ROMPRE ET MARCHER A DROITE PAR COMPAGNIE.

VIII.me MANŒUVRE.

CETTE manœuvre s'exécutera par un à droite par compagnie.

SE REMETTRE EN BATAILLE SUR SA GAUCHE.

IX.me MANŒUVRE.

DE même par un à gauche par compagnie.

SE ROMPRE ET MARCHER A GAUCHE PAR COMPAGNIE.

X.me MANŒUVRE.

LA première compagnie ayant marché fix pas en avant, fera à gauche par compagnie; celle qui eft à fa gauche marchera auffi droit devant elle, & fera le même mouvement, & ainfi des autres; avec cette attention, que chaque compagnie marchera dès que celle qui la précède fera vis-à-vis la file de fa droite.

SE REMETTRE EN BATAILLE SUR SA DROITE.

XI.me MANŒUVRE.

LA première compagnie fera à droite par compagnie & marchera fix pas en avant; celle qui fuit marchant toûjours droit devant elle, fera de même à droite par compagnie dès que fon premier rang fera à la hauteur de la file de la gauche de la compagnie qui la précède; & ainfi des autres qui marcheront de même devant elles, jufqu'à ce que leur premier rang foit à la hauteur de la gauche de la compagnie qui les précède.

SE ROMPRE ET MARCHER EN AVANT PAR COMPAGNIE.

XII.me MANŒUVRE.

LA première compagnie marchera droit devant elle; les autres compagnies feront à droite par compagnie, &

quand elles feront arrivées à la même hauteur que la première, elles la fuivront en faifant un à gauche par compagnie.

On fera remettre le régiment en bataille en avant, comme à la feptième manœuvre.

XIII.me MANŒUVRE.

SE ROMPRE PAR ESCADRON, ET METTRE CHAQUE ESCADRON EN COLONNE PAR COMPAGNIE.

On fera à gauche par efcadron, enfuite à droite par compagnie.

XIV.me MANŒUVRE.

SE REMETTRE EN BATAILLE.

On fe remettra fimplement en bataille en faifant à gauche par compagnie, & à droite par efcadron; mais pour fe remettre fur le même terrein, on fera à droite par compagnie, enfuite à droite par efcadron, & on fe remettra par un demi-tour à droite par compagnie.

XV.me MANŒUVRE.

PASSER ET REPASSER LE DE'FILE'.

Quand on voudra paffer le défilé en avant, on commencera par faire paffer la troupe qui fe trouvera vis-à-vis le défilé, & les autres de droite & de gauche pafferont fucceffivement pour fe reformer dans le même ordre au delà du défilé.

Pour repaffer le défilé, on commencera par les compagnies des aîles, & celle qui fera vis-à-vis le défilé paffera la dernière.

Si le défilé ne pouvoit contenir une compagnie de front, on paffera par demi-compagnie; de même que s'il étoit plus large, on pafferoit deux compagnies à la fois.

XVI.me MANŒUVRE.

RETRAITE.

On fera marcher en avant la première & la quatrième compagnie de chaque efcadron, pour former une première ligne à cent ou cent cinquante pas de la feconde.

Cette

Cette première ligne fera alors demi-tour à droite par compagnie, & marchera au grand trot jusqu'à cent pas au moins, derrière la seconde ligne, où elle se remettra par le même mouvement.

La seconde ligne ne se mettra en mouvement que quand la première sera à sa hauteur; elle marchera alors dix pas en avant, fort lentement; & après que la première ligne aura fait face en tête, celle-ci fera demi-tour à droite par compagnie, pour se porter au trot cent pas au moins derrière la première.

On répétera plusieurs fois cette manœuvre, en faisant retirer alternativement l'une des lignes derrière l'autre.

Pour se remettre en bataille, les première & quatrième compagnies de chaque escadron étant en avant, on fera rentrer dans leurs intervalles les troisième & deuxième, & serrer les escadrons sur le centre de chacun, s'ils étoient trop ouverts.

BORDER LA HAIE POUR UNE REVUE.

XVII.me MANŒUVRE.

Comme à la seizième manœuvre pour une compagnie.

SE REMETTRE SUR DEUX RANGS.

XVIII.me MANŒUVRE.

Comme à la dix-septième manœuvre pour une compagnie.

Lorsqu'on voudra faire manœuvrer le régiment sur trois rangs, avant de le mener sur le terrein on le fera former, ainsi qu'il a été dit à la fin des manœuvres pour une compagnie, & on pourra lui faire exécuter toutes les manœuvres ci-dessus, à commencer de la cinquième, observant que tout ce qui est indiqué pour une compagnie, se fasse par deux compagnies, n'étant pas possible que les escadrons formés sur trois rangs, se rompent par compagnie.

L'exercice étant fini, le régiment retournera au lieu où il s'étoit assemblé, le Lieutenant commandé pour l'escorte des étendards l'y rassemblera, commençant par la première compagnie jusqu'à la dernière; après quoi, on fera mettre le ſabre à la main à tout le régiment, & l'eſcorte repaſſera à la droite pour conduire les étendards chez le Commandant du régiment, dans le même ordre qu'on les a amenés; enſuite chaque compagnie ſera ramenée par l'Officier qui la commandera, comme il a été dit à la fin des manœuvres pour une compagnie.

DES MANŒUVRES

POUR UNE TROUPE DE CINQUANTE MAISTRES.

LES troupes de cinquante Maîtres étant deſtinées à aller en détachement, ou à être poſtées en garde ordinaire, il eſt néceſſaire que les Officiers & les Cavaliers ſoient inſtruits des manœuvres auxquelles elles doivent être employées.

Pour cet effet, on fera alternativement diviſer le régiment en pluſieurs troupes de cinquante maîtres, auxquelles on attachera un Capitaine, deux Lieutenans & un Maréchal-des-logis.

Formation de cette troupe. CHACUNE de ces troupes ſera compoſée (outre les Officiers ci-deſſus) de deux Brigadiers, quatre Carabiniers, un Maréchal, un Trompette & quarante-deux Cavaliers.

Ils ſe placeront tous ſur un rang, les Cavaliers de chaque compagnie étant enſemble.

Le Capitaine fera l'inſpection des hommes, des chevaux & des armes.

Il fera enſuite marcher en avant les Brigadiers & Carabiniers, & derrière eux la moitié des Cavaliers de chaque compagnie, pour que tous les Cavaliers d'une même compagnie ne ſoient pas au premier rang; & il formera enſuite ſa troupe dans l'ordre ſuivant.

Première Diviſion.

Un Brigadier à la droite, cinq Cavaliers à ſa gauche.

Second rang: un Carabinier à la droite, cinq Cavaliers à ſa gauche.

Deuxième Diviſion.

Cinq Cavaliers, un Carabinier à leur gauche.
Second rang : ſix Cavaliers.

Troiſième Diviſion.

Un Carabinier, cinq Cavaliers à ſa gauche.
Second rang : ſix Cavaliers.

Quatrième Diviſion.

Cinq Cavaliers, un Brigadier à leur gauche.
Second rang : cinq Cavaliers, un Carabinier à leur gauche.

Chaque diviſion ſera aux ordres de ſon Brigadier ou Carabinier.

Le Capitaine ſe placera au centre en avant entre la deuxième & la troiſième diviſion ; le premier Lieutenant à ſa droite, entre la première & la deuxième diviſion ; le ſecond Lieutenant à ſa gauche, entre la troiſième & la quatrième diviſion, & le Maréchal-des-logis derrière le centre.

DE'FILER PAR UN, DEUX, TROIS.

I.re MANŒUVRE.

CHAQUE diviſion étant cenſée une troupe ſéparée, lorſqu'on fera défiler par un, deux, trois, toute la première diviſion défilera de ſuite, & ſera ſuivie par la deuxième.

SE REFORMER.

II.me MANŒUVRE.

CHAQUE diviſion ſe formera d'abord ſur deux rangs, la première ayant attention de faire halte pour attendre les autres ; après quoi elles formeront la troupe en avant, obſervant ce qui eſt expliqué à la deuxième manœuvre pour un régiment.

DES A DROITE ET A GAUCHE
PAR DEMI-TROUPE.

III.me MANŒUVRE.

ON fera des à droite, des à gauche, des demi-tours

à droite, & des demi-tours à gauche par deux divisions ou demi-troupe.

IV.me MANŒUVRE.

DES A DROITE ET A GAUCHE

PAR DEMI-TROUPE SUR LE CENTRE.

On fera à droite, à gauche, demi-tour à droite & demi-tour à gauche sur le centre par demi-troupe.

V.me MANŒUVRE.

DES A DROITE ET A GAUCHE

PAR TROUPE.

On répétera les mêmes mouvemens par troupe entière.

VI.me MANŒUVRE.

DÉTACHER UNE AVANT-GARDE.

On fera marcher le Lieutenant en avant avec la division de la droite, dont les Cavaliers porteront le mousqueton haut: cette avant-garde se tiendra toûjours à cent pas au plus de la troupe, & aura devant son front les Cavaliers nécessaires pour éclairer sa marche.

Pour rejoindre la troupe, cette avant-garde fera à droite, marchera en avant jusqu'à ce qu'elle ait dépassé la place qu'elle doit occuper dans la troupe: après un second à droite, elle continuera de marcher en avant, & quand son premier rang sera à la hauteur du dernier rang de la troupe, elle reprendra sa place par un demi-tour à droite.

VII.me MANŒUVRE.

DÉTACHER UNE ARRIÈRE-GARDE.

Le second Lieutenant demeurera cent pas au plus derrière la troupe avec la division de la gauche, & se fera suivre de deux Cavaliers à trente pas de lui; cette arrière-garde sera de même haut le mousqueton.

Il rejoindra la troupe en marchant en avant lorsqu'il en reçevra l'ordre, & y reprendra sa place.

PLACER

PLACER UN PETIT CORPS-DE-GARDE.

VIII.me MANŒUVRE.

Le Capitaine ira lui-même poster son petit corps-de-garde, composé d'une des divisions de sa troupe, & placera les vedettes qui devront entourer, non seulement le petit corps-de-garde, mais même sa troupe.

Ce petit corps-de-garde sera relevé alternativement par chaque division, & le Maréchal-des-logis marchera avec chacune des deux divisions du centre.

SE RETIRER.

IX.me MANŒUVRE.

Lorsqu'une garde ordinaire sera obligée de se replier sur le camp, le Capitaine ordonnera au premier Lieutenant de faire faire une demi-conversion à droite aux deux divisions de la droite, & cependant il fera marcher les deux divisions de la gauche quelques pas en avant pour soûtenir les autres pendant qu'elles feront leur mouvement & qu'elles se porteront au trot en arrière, où elles se remettront en bataille; après quoi les deux divisions de la gauche se replieront au trot pour aller rejoindre celles de la droite, faisant les mêmes mouvemens par la gauche.

Le Capitaine pourra ordonner ensuite au second Lieutenant de faire faire le demi-tour à gauche aux deux divisions de la gauche; alors il marchera quelques pas en avant avec les deux divisions de la droite qui se replieront ensuite par leur droite, faisant face alternativement.

Si on vouloit se retirer avec un nombre un peu considérable de troupes de cinquante maîtres, on les mettra sur deux lignes, & on suivra ce qui est prescrit à la seizième manœuvre pour un régiment; observant que lorsqu'on fera la demi-conversion, ce mouvement se fera par division, pour le rendre plus prompt & pour approcher son flanc moins près de l'ennemi.

Après les manœuvres finies, les Officiers & Cavaliers qui y auront été employés retourneront à leurs compagnies.

DES SIGNAUX.

LORSQUE dans un exercice on voudra commander à un aſſez grand nombre d'eſcadrons ou de troupes, pour que la voix ne puiſſe pas ſe faire entendre au total, on ſe ſervira des ſignaux ci-après; & on aura ſoin d'exercer la Cavalerie à en faire uſage, afin qu'elle ait une connoiſſance parfaite des mouvemens qu'ils indiquent.

Un appel ſera deſtiné à prévenir qu'on va faire quelque mouvement; & à ce ſignal chaque Commandant dira: *Prenez garde à vous.*

Lorſqu'il ſera ſuivi immédiatement par la marche, on marchera en avant, le Commandant diſant: *Marche.*

Lorſqu'après le premier appel on ſonnera un *ton bas*, le mouvement ſe fera par compagnie ou par demi-troupe de cinquante maîtres, & le Commandant dira: *Par compagnie* ou *par demi-troupe.*

Si on ſonne deux *tons bas*, le mouvement ſe fera par deux compagnies, & le Commandant dira: *Par deux compagnies.*

Si on ne ſonne point de *tons bas*, le mouvement ſe fera par eſcadron ou par troupe entière.

Les demi-appels indiqueront l'eſpèce du mouvement: un demi-appel ſignifiera un quart de converſion à droite, deux demi-appels un quart de converſion à gauche, trois demi-appels une demi-converſion à droite, quatre demi-appels une demi-converſion à gauche; alors le Commandant dira: ou *à droite* ou *à gauche, faites un quart de converſion*, ou *demi-tour à droite* ou *demi-tour à gauche.* Il ne dira *marche* que lorſqu'enſuite on ſonnera la *marche;* & alors on ſe mettra en mouvement pour exécuter enſemble la manœuvre indiquée.

Si les troupes de la queue d'une colonne ne peuvent ſuivre la tête, ou qu'elles ſoient obligées de s'arrêter, on ſera ſonner un appel qui ſera répété juſqu'à la tête, d'eſcadron en eſcadron : alors la tête fera *halte*. Lorſque la queue aura rejoint, ou qu'elle n'aura plus de raiſon pour faire *halte*, elle fera ſonner un couplet de la *marche* qui ſera répété par un Trompette de la tête de chaque eſcadron; après quoi la tête de la colonne ſe remettra en marche : il ſera cependant détaché un Officier pour avertir celui qui commandera la colonne, du ſujet pour lequel on ſe ſera arrêté.

Veut & entend Sa Majeſté, que toutes ſes troupes de Cavalerie, tant françoiſe qu'étrangère, ſe conforment avec la plus grande exactitude à ce qui eſt porté dans la préſente ordonnance: Enjoignant aux Commandans des corps de ne permettre ni ſouffrir qu'il y ſoit rien changé, augmenté ou retranché, en quelque manière & ſous tel prétexte que ce ſoit; & faiſant très-expreſſes inhibitions & défenſes aux Majors des régimens ou autres Officiers qui commanderont les exercices, de faire exécuter aucuns temps ni mouvemens autres que ceux qui y ſont preſcrits; dérogeant Sa Majeſté à toutes ordonnances à ce contraires.

MANDANT Sa Majeſté à Monſ. le Prince de Turenne, Colonel général de ſa Cavalerie, & au ſieur Marquis de Bethune, Meſtre-de-camp général de ladite Cavalerie, de tenir la main à l'exécution de la préſente ordonnance.

MANDE & ordonne Sa Majeſté aux Généraux de ſes armées, aux Gouverneurs & Lieutenans généraux commandans en ſes provinces, aux Inſpecteurs généraux de ſa Cavalerie, aux Meſtres-de-camp &

autres Officiers de ſes régimens de Cavalerie, aux Commandans de ſes villes & places où ces régimens ſeront en garniſon ou en quartier, & à tous autres ſes Officiers qu'il appartiendra, de tenir pareillement la main à l'exécution de la préſente, chacun en ce qui les concerne. FAIT à Verſailles, le vingt-deux juin mil ſept cent cinquante-cinq. *Signé* LOUIS. *Et plus bas,* M. P. DE VOYER D'ARGENSON.

GODEFROI-CHARLES-HENRI DE LA TOUR D'AUVERGNE, Prince de Turenne, Grand Chambellan de France en ſurvivance, Colonel général de la Cavalerie, tant françoiſe qu'étrangère.

VÛ l'Ordonnance du Roi, du 22 juin 1755, par laquelle Sa Majeſté a réglé définitivement l'Exercice de ſa Cavalerie, à nous adreſſée avec ordre de tenir la main à ſon exécution; MANDONS à monſieur le Marquis de Bethune Meſtre-de-camp général de la Cavalerie, de tenir la main à l'exécution de ladite ordonnance : Ordonnons à tous Brigadiers, Meſtres-de-camp & Commandans de Cavalerie, de faire obſerver & exécuter ponctuellement la volonté de Sa Majeſté, mentionnée en ladite ordonnance, laquelle dite ordonnance ſera lûe & publiée à la tête des régimens de Cavalerie, par les Commiſſaires des guerres qui en ont la police. FAIT à Paris le vingt-deux juin mil ſept cent cinquante-cinq. *Signé* LE PRINCE DE TURENNE. *Et plus bas,* Par Monſeigneur, GAULTIER.

www.ingramcontent.com/pod-product-compliance
Lightning Source LLC
LaVergne TN
LVHW010000230826
846092LV00002B/572
* 9 7 8 2 3 2 9 6 8 2 5 1 8 *